Lauer

GOLDMANN

Buch

Mit größter Sensibilität zeigt Werner Filmer in dieser vielbeachteten Dokumentation, die bei den Fernsehzuschauern im Frühling des Jahres 1991 große Betroffenheit erzeugt hat und auf vielfachen Wunsch im November dieses Jahres wiederholt wird, wie die an Leukämie erkrankte Susanne Fleer im Alter von Anfang Dreißig ihren Abschied vom Leben nahm.

Nachdem in den Gesprächen mit Susanne anfangs die Hoffnung im Vordergrund stand, wurde recht bald die Hoffnungslosigkeit ihrer Situation klar. Trotzdem rief sie einige Zeit nach Abschluß der ersten Dreharbeiten bei Werner Filmers Team an und willigte ein, daß die Gespräche, die zwei Jahre vorher begonnen hatten, mit ihr weitergeführt wurden. So entstand ein Zeugnis über das Lebensende eines jungen Menschen, das trotz seiner erschütternden Ausdruckskraft jede Sentimentalität vermissen läßt.

Autor

Werner Filmer, geboren 1934, arbeitet als stellvertretender Chefredakteur beim Westdeutschen Rundfunk und leitet darüber hinaus die Programmgruppe Inland für das Fernsehen. Manche seiner Dokumentarbeiträge wurden wegen ihrer feinfühligen Fertigkeit im Umgang mit Worten und Bildern ausgezeichnet.

Zusammen mit Dr. Heribert Schwan hat er zahlreiche Politikerbiographien erarbeitet – zum Beispiel über Richard von Weizsäcker, Helmut Kohl, Hans-Dietrich Genscher und andere , die zu überaus erfolgreichen Standardwerken der politischen Information wurden.

WERNER FILMER

Susanne Fleer: Abschied vom Leben

Gespräche mit einer Sterbenden

GOLDMANN VERLAG

Originalausgabe

Für Jonas

Der Goldmann Verlag
ist ein Unternehmen der Verlagsgruppe Bertelsmann

Made in Germany · 11/91 · 1. Auflage

Umschlaggestaltung: Design Team München
Umschlagfoto: Vierow, Andechs
Fotos im Innenteil: Ernst Michael Wingens
Belichtung: Compusatz GmbH, München
Druck: Presse-Druck Augsburg
Verlagsnummer: 12377
Lektorat: Silvia Kuttny
Herstellung: Sebastian Strohmaier
ISBN 3-442-12377-1

Vorwort

Wer dem Leben mit denkendem Bewußtsein nachspürt, begegnet immer wieder dem eigentlich Unfaßbaren. Werner Filmer, Buchautor, Fernsehjournalist und Dokumentarist, ist dies oft gelungen: im Alltäglichen, in den Lebensläufen unbekannter Menschen. Er versteht es, Charaktere festzuhalten, ihre Wesenszüge in seinen Filmen plastisch hervortreten zu lassen. In der Position des Beobachtenden bleibt er unaufdringlich. Seine Momentaufnahmen sind nicht kunstvoll gedrechselt. Sie zeigen alltägliche Kümmernisse, Freuden und Seelenqualen.

Er bringt Menschen zum Erzählen. Immer wieder schafft er es, den undurchsichtigen Block Leben faßbar zu machen, weil er sich auch für das Beiläufige, das scheinbar Unerhebliche interessiert, um zum Wesentlichen vorzustoßen. Blutleere Geschliffenheit in den Fernsehbildern, die er mit dem Kameramann sucht – in diesem Fall mit Ernst Michael Wingens –, sind ihm fremd. Seine Bilderspracheist enorm. Abschied vom Leben zeigt das. Pathetische Überhöhungen meidet er.

Seit er für den Westdeutschen Rundfunk arbeitet, ist das Leben sein Thema. Leben als Material für bewegte Bilder, für Bildmontagen, für dokumentarischen Film. Politik, Gesellschaft, Wirtschaft und Zukunft gehören zu seinen

Sachthemen. Aber auch Krankheit, Geburt und Tod. Immer wieder taucht er ins Leben, wittert Defizite, findet Hoffnungen, sucht das Schlüsselloch, um Wahrheit zu entdecken, stets der alten Frage nachgehend: Was *ist* Wahrheit? Es drängt ihn, die tieferen Bewußtseinsschichten zu spüren. Menschen ziehen ihn an. Er weiß, daß sein Medium – das Fernsehen, für das er seit dreißig Jahren arbeitet – sich vor allem über Menschen erschließt, über agierende, leidende, wütende, erduldende Menschen. Ihre Erfahrungen, ihre Ängste, ihre Erwartungen und Perspektiven will er vermitteln.

Filmers Arbeit bestimmt ein erkenntnisreicher Skeptizismus. In seinen Hintergrundberichten – so nennt er jene Dokumentarbeiträge und Langzeitdokumentationen – gelangen ihm Fernsehfilme von schmerzlicher Schärfe. Selten schroff und eckig, nie zynisch! Seine feinfühlige Fertigkeit beim Umgang mit Bildern zeigt er auch in *Abschied vom Leben.* Die inhaltliche wie formale Balance dieses Dokumentarfilms fasziniert und macht betroffen. Die Reaktionen der Zuschauer belegen das.

In seinen Filmen begegnet man einem toleranten Humanismus. Komplexe Vorgänge bringt er in den Fernsehdokumentationen auf den Punkt, begleitet wichtige politische und soziale Vorgänge auf seine Weise. Stets mit der Wärme der Hoffnung! Seine Wahrnehmungsfähigkeit ruht auf der Erkenntnis des Egon Erwin Kisch, daß nichts so phantastisch sei wie die Realität. Davon ist auch Werner Filmer überzeugt.

Dr. Heribert Schwan, im Herbst 1991

Werner Filmer:

Abschied vom Leben

Angst vor dem Tod hatte ich immer. Schon als Kind, schon als Jugendlicher. Auch als Erwachsener. Daß durch den Tod das Leben erfüllt werde, konnte ich nicht glauben. Daß im Tod das Leben zusammengefaßt werde, vermochte ich nachzuvollziehen.

Als Christ glaubte ich während meiner Jugend an die Pilgerreise dieses Lebens. Priester hatten mir diesen Glauben nahegebracht. Und ich fand Gefallen daran, ohne mir so recht darüber klarzuwerden, was er bedeutet. Daß mit der Geburt der Tod beginnt, daß er auf mich wartet, merkte ich. Energisch stemmte ich mich gegen diesen Gedanken. Ich versuchte, den Tod zu verbannen. Verdrängte ihn. Wenn Beerdigungen stattfanden, schaute ich weg. Todesanzeigen las ich nicht. Verkehrsunfälle fegten an mir vorbei. Ich umfuhr sie. Doch das Geheimnis des Todes wurde für mich noch größer. Wenn ich ehrlich bin, versuchte ich dem Tod zu entgehen. Mit meinem Verstand war ich gegen ihn. Jahre brauchte ich, um zu spüren, daß der Tod tief ins Leben verwoben ist. Daß Leben und Tod miteinander verwandt sind; daß der Tod ebenso wichtig ist wie die Geburt. Daß Anfang immer auch Ende bedeutet.

Langsam wuchsen andere Sichtweisen. Nach meinem

ersten Unfall spürte ich, daß mir der Tod über die Schulter schaute. Ausschalten ließ er sich nicht. Als ich die erste Katze überfuhr, als der erste Vogel gegen die Scheibe meines Wagens prallte, klopfte das Leben in mir. Noch heute sind mir die Geräusche der aufschlagenden Körper gegenwärtig. Jede Fahrt hat ein Ziel, immer aber ein Ende. Diese Wahrheit wuchs mir zu. Der Tod kennt viele Wege, um sich bemerkbar zu machen. Es gibt nicht nur eine Form des Todes. Wenn ein Vogel gegen die Glasscheibe fliegt, ist sein Tod Teil meines Wesens. So wie der Tod meiner Mutter Teil meiner Existenz ist.

Jeder Tag, der vergeht, ist ein Tag auf ihn zu. Jedes Jahr, das zu Ende ist, ist ein Wink des Todes. Seine Gesten sind still, geräuschlos, selbstverständlich. Sie lassen sich nicht ungeschehen machen. Sie passieren, ereignen sich. Wer darauf achtet, erschrickt nicht mehr. Der Tod wird Bruder und Schwester zugleich. Vater und Mutter.

Erst wenn einem der Tod vertraut wird, vermag man ihn zu lieben. Bei mir geschah es eines Tages, obwohl ich Angst vor ihm hatte. Ich sah einen Mann sterben, der sterben wollte. Er war in ein Schwimmbecken gesprungen, das kein Wasser enthielt. Er hatte es vergessen. Plötzlich war er gelähmt. Damals ließ ich mich auf sein Leben ein. Drehte einen Dokumentarfilm über seinen Weg in den Tod. Sein Sterben lehrte mich, das Geheimnis des Todes zu entdecken. Sein Tod enthüllte sich. Der Kampf des gelähmten Mannes war kein fanatischer Kampf gegen den Tod. Einmal sagte er, als ich an seinem Bett saß: »Könnte ich meine Arme bewegen, würde ich ihn umarmen!« Er war bereit, seinem Tod entgegenzugehen. Zunächst erschrak ich über die Worte des Gelähmten, der das Leben liebte. Später entdeckte ich den Sinn.

Tod – ich spürte ihn im Gesicht meines Vaters, das faltig wird. Längst sind seine Haare grau und dünn geworden, beugte sich sein Körper. Er geht dem Tod entgegen. Der Tod nähert sich ihm. Mein Vater lebt seit einem Jahr bei uns. Pflegefall, sagt der Arzt. Uringeruch durchzieht die Wohnung. An Liebe denken? Vater träumt nachts von seiner Frau, die seit vier Jahren tot ist: meine Mutter. Ob er sich seine Frau als Skelett vorstellt, als verfallen, verwest?

Was blieb von seiner Liebe zu ihr? Wie oft hielt er ihre Hand? Die Sehnsucht der Liebe erkaltete. Die Ekstasen sind vergessen. Was ist die richtige Art, sich auf den Tod vorzubereiten? Ich kann kaum mit ihm sprechen. Vater schweigt. Er hängt am Leben, verleugnet den Tod, will nicht loslassen, nicht hergeben. Eins mit dem Ganzen zu werden, weist er weit von sich. Weder fragt er nach Gott noch nach dem Geheimnis des Todes. Er will die Sonne erleben, schlurft durch die Räume, sieht die Blätter gelb und braun werden, schaut auf das Leichentuch des Schnees, fürchtet sich vor der Dunkelheit. Den Golfkrieg sah er im Fernsehen. Den Zweiten Weltkrieg durchlitt er als Soldat. Den Ersten Weltkrieg als Junge. Er sah die Zerstörung, kämpfte für Volk und Vaterland, ohne recht zu wissen, was sich hinter den Worten kneten läßt. Sein Land sei in Gefahr, sein Leben sei in Gefahr, seiner Frau drohe

Gefahr. Gegen solche Behauptungen blieb er machtlos. Er glaubte den Machthabern, ließ sich vollstopfen.

Leben und Tod gehören zueinander. Liebe und Haß. Krieg und Frieden. Der Tod vereint die Gegensätze. Noch schleppt sich Vater mühsam die Treppe hinauf. Eine Stufe, zwei Stufen, drei, vier, fünf. Sein Körper meidet den Tod, der auf der Bettkante sitzt. Mein Vater will ihn nicht sehen.

Der Tod folgt ihm auf Schritt und Tritt. Er begegnet dem Sohn, der Schwiegertochter, den Enkeln. Er wartet, lächelt, ist fröhlich, beobachtet, trennt nichts, will keine Randerscheinung sein.

Vater möchte den Tod hinauszögern. Morgen vielleicht! Übermorgen! Mit 86, meint er, brauche man noch nicht zu sterben. In Arles lebe eine 116jährige Frau. Er habe Zeit.

Vater lernte nicht, seinen Tod zu lieben. Zwar sah er ihn oft, hörte die Glocken läuten, sah den Notarztwagen, sprach mit den Ärzten, doch er wollte sich kein Urteil bilden. Als der Atem meiner Mutter schwer wurde, der Atem seiner Frau, fühlte er eigene Einsamkeit, seine Verlassenheit. Das Leben schwand aus dem Körper, glitt in den Staub. Der Tod wurde zu Vaters Feind. Daß Tod Ruhe und Entspannung sind, will er nicht wahrhaben. Nicht durchleben.

Wie ich Susanne kennenlernte

Ich hatte Ende 1988 Professor Diehl von der Kölner Universitätsklinik gebeten, mich mit Menschen zusammenzubringen, die den Tod kennengelernt hatten, die »dem Tod von der Schippe gesprungen« waren. Ich wollte mit Zeugen des Todes sprechen, mit Zeugen dieser Herausforderung. Mit Menschen, die dadurch den Gipfel ihrer Bewußtheit erlebt hatten. Für »west 3« arbeitete ich an einem dokumentarischen Schwerpunkt: »Tod in Deutschland«. Es sollten zwölf Fernsehsendungen werden. Tod in seinen politischen und sozialen Erscheinungsbildern, in seinen verschiedenen Formen. Ich wußte, wie sehr ich den Tod aus dem Leben verdrängt hatte. Wie gedankenlos viele Kollegen diesen unangenehmen Geschmack von den Lippen wischten. Tod war für fast alle ein Tabu.

Ich hatte den Menschen zugeschaut, die auf Autobahnbrücken standen, um dem Tod zuzusehen, den Verkehrsunfällen zwischen Heilbronn und Osnabrück. Tief im Innern sind wir alle Totengräber, Voyeure, Henker. Tod fasziniert. Das Sterben berührt uns. Das gehört zu den einfachen Wahrnehmungen.

An einem Apriltag 1989 stand ich vor der Universitätsklinik, um Menschen kennenzulernen, die den Tod nicht mehr als Feind betrachteten. So traf ich Susanne. Sie saß

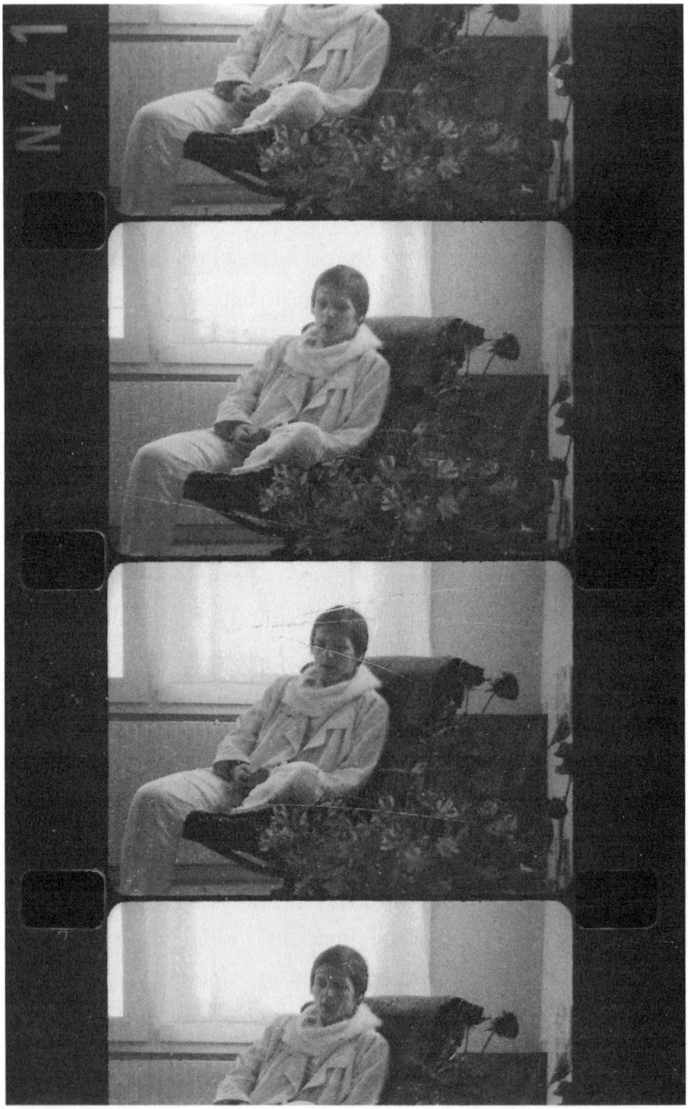
N 4 1

auf einer Bank und hatte gewartet. In ihren Händen hielt sie eine gepflückte Blüte. Sanftmut lag in diesem Bild. Ruhe und Entspannung. Und doch war auch Freude auszumachen, stille Freude: sich dem Leben zu öffnen, darauf einzugehen, es anzunehmen! Als ich mit ihr sprach, spürte ich, wie sehr sie ins Leben hineingeschaut hatte. »Wer leben kann, kann auch sterben«, hieß der Dokumentarfilm, den ich drehte. Daß man sich gegen den Tod nicht schützen kann, wußte ich; daß Leben und Tod keine Gegensätze sind, erfuhr ich durch Susanne Fleer. Wer lebt, kommt dem Sterben näher. Wenn das Samenkorn nicht in die Erde fällt, kann es keine Frucht bringen. Wir sprachen über ihre Krankheit, über ihren Sohn, über ihre Hoffnung, das Leben wieder leidenschaftlich leben zu können.

Es war ein tiefes Wissen in ihr, ein hindurchschauendes Bewußtsein. Wir merkten, daß wir die gleiche Wellenlänge besaßen, eine gleichmachende Erfahrung, ähnliche Bilder und Gedanken. Darüber sprachen wir, trafen uns mehrere Male, erfuhren auch im Nicht-Gesagten die Stille der Wahrheit.

Oft bin ich gefragt worden, weshalb sich Susanne vor der Kamera so geöffnet habe. Ich glaube, es war eine Brücke des Vertrauens, die uns trug. Wenn ich sie fragte, antwortete sie im Verlangen nach eigener Klarheit. Es war kaum Furcht in ihr. Das war es, was mich weiterfragen ließ.

Susanne Fleer:

»Also ich hatte erst mal Mühe, das so zu fassen, und habe dann gemerkt, daß ich mich selber gar nicht in Zusammenhang brachte mit so was wie Krebs oder Leukämie, daß mir das unvorstellbar war, daß mir so was zustößt. Und ich glaube, ich habe die ganzen ersten Wochen wie in so 'nem Wattebausch verbracht, wo ich immer versucht habe, das zu realisieren, daß ich das bin, die das jetzt hat; und daß ich so vom Tod bedroht bin; und hab' so gespürt, wie schwierig das war für mich, wie das vorher in meinem Leben überhaupt keine Rolle gespielt hat. Ja, die Tatsache, daß wir sterblich sind. Und daß mir so was wie Tod auch irgendwann mal begegnen würde.

Wenn ich an den Anfang denke, wo die Diagnose kam, die Wochen davor, dann war das eigentlich eine große Schwäche, die ich hatte, wo ich merkte, ich war nicht mehr leistungsfähig; ich konnte nicht mehr Auto fahren, Müdigkeit. Aber das habe ich dann auf andere Sachen geschoben. Schmerzhaft ist es erst mal nicht. Es ist eher eine Schwäche, eine Mattigkeit.«

Und – wird es schmerzhaft?

»Ich denke, was ich gesehen habe, in der Klinik, daß es zum Ende hin auch schmerzhaft wird. Das habe ich aber direkt von der Leukämie nicht gespürt. Das waren dann nur so Folgeerscheinungen in der Krankheit, wie eine Lebervergrößerung und so, die dann schmerzhaft ist, oder Fieber, was sehr unangenehm ist, wenn das über Wochen lang so hoch ist. Direkte Schmerzen sind halt Folgeerscheinungen der Chemotherapie, an Stellen, wo Entzündungen sind. Dieser Haarausfall ist nicht schmerzhaft; das sind eben Therapiefolgen.«

Hatten Sie auch starken Haarausfall?

»Ja, ich habe fast die ganze Zeit keine Haare gehabt. Ich glaube, die sind mir fünfmal ausgefallen.«

August 1989.
Susanne Fleer lebt in Köln.
Offen spricht sie über sich, ihre Krankheit.
Sie hat Leukämie.
Hat seit Jahren gelernt, damit umzugehen.

Susanne Fleer:

»Also, je mehr ich das verstehe, daß mir das passiert, desto mehr habe ich auch Angst gehabt. Ich habe auch gehört, daß das so Phasen waren, daß ich eine ganze Weile gar nicht das Gefühl hatte, mit Angst in Kontakt zu sein, weil ich den ganzen Vorgang nicht verstanden habe. Und mir gar nicht so richtig klar geworden ist, daß es um mein Leben geht. Das waren immer mal so Einbrüche, wo ich das plötzlich ganz direkt gespürt habe, und dann kam die Angst auch. Ich kann die auch wegschieben. Ich kann die dann wirklich so in den Hintergrund schieben. Aber die kam halt immer wieder. Und am stärksten ein Angstgefühl gehabt habe ich vor der Transplantation, weil ich genau wußte, ich habe ganz, ganz wenig Chancen, da überhaupt wieder rauszukommen aus diesem Isolationstrakt. Und dann die Tage davor, also die drei Wochen davor, das war die stärkste Erfahrung von Angst für mich. Weil ich ganz bewußt mich entscheiden mußte, da reinzugehen, und weil mir ganz klar gesagt worden ist, was da passiert. Und da konnte ich nicht mehr weg, da mußte ich davorstehen und mir das angucken, und ich konnte nicht mehr weglaufen oder denken, na ja – vielleicht gibt es auch noch einen anderen Weg, oder vielleicht komme ich auch noch so drum rum.«

Das war die Knochenmarktransplantation?

»Das war die Knochenmarktransplantation vor einem Jahr. Und da kann ich mich an einen Tag erinnern, wo ich mich entscheiden mußte. Da bin ich hier zum Rhein gefahren und bin den ganzen Tag den Fluß rauf und runter und habe mich wieder hingesetzt und aufs Wasser geguckt und habe versucht, das überhaupt wirklich zu spüren, was da jetzt von mir verlangt wurde. Ich hatte das Gefühl, so 'ne Entscheidung zu treffen, die ging über mein Vermögen. Mich zu entscheiden, entweder in ein paar Wochen zu sterben, nichts zu machen, oder da reinzugehen und vielleicht in einer Woche dann zu sterben. Da hab ich gedacht, wie kann man jemanden so was fragen, wie kann ich mich entscheiden zwischen zwei solchen Möglichkeiten. Und da war am intensivsten dieser Tag, die Konfrontation mit der Angst für mich. Und ich hatte das Gefühl, als ich mich entschieden hatte, war sie eigentlich weg.«

Was ist Tod heute für Sie?

»Ich werde sicherlich nicht alt werden, das ist auch ziemlich klar. Und zusätzlich noch ist das eine Erfahrung, die ich irgendwie auch nicht vergessen möchte. Weil mir das eine neue Sichtweise gegeben hat. Das ist nicht nur negativ. Es ist auch sehr viel Schönes passiert. Und für mich ist das wie eine ständige Erinnerung oder wie jemand, der neben mir steht und mich ermahnt, wenn ich mich irgendwie wieder in Dinge verliere, wo ich gemerkt habe, daß die eigentlich nicht wesentlich sind im Leben für mich.«

Sie sagen ›Schönes passiert‹ . . . Was meinen Sie damit?

»Ja, einfach so zu sehen, was wesentlich ist. Ich habe das Gefühl, ich genieße jeden Tag. Das ist wie ein Geschenk für mich. Und das ist schön. Also ich nehme nichts mehr für selbstverständlich hin.

Ich kann viel intensiver meine Umgebung wahrnehmen, Menschen. Begegnungen sind ja ganz anders für mich wie vorher. Und es ist alles ruhiger geworden, habe ich das Gefühl. Und wesentlicher.«

Susannes Bruder spricht mit Werner Filmer:

Sie haben Ihrer Schwester Knochenmark gespendet. Weshalb?

»Die Chance, einen Spender zu finden, wo das halt zusammenpaßt, ist nur bei Geschwistern gegeben, so wie ich das verstanden habe. Oder wenn man sich so eine Art Eigenspende macht. Aber da ist die Chance, daß es klappt, doch unwahrscheinlicher. Ja, dann wurden eben Tests gemacht. Und das war glücklicherweise so, daß alles zusammenpaßte. Und dann hat man das in Essen, als es soweit war, durchgezogen.«

Das geschieht unter Betäubung?

»Unter Vollnarkose. Da merkt man nicht viel von. Das wurde bei Susanne intravenös übertragen. Und dann geht man davon aus, daß das beim Empfänger anwächst. Hat ja auch ganz gut geklappt.«

Susanne Fleer
berichtet über die Transplantation:

»Es wird gesagt, zwei Jahre nach der Transplantation ist die riskanteste Zeit vorbei für einen Rückfall. Und der ganze Beobachtungszeitraum geht nur auf 10 bis 12 Jahre, weil es noch nicht länger gemacht wird. Und da werden wenig Aussagen gemacht. Ich habe auch mal nachgefragt, wie sieht das denn aus eigentlich, wenn es gemacht worden ist. Es sind noch nicht so viele Leute transplantiert worden, daß man da definitive Aussagen machen kann. Aber es ist ziemlich klar, bei der Vorbehandlung, die jeder hat, und ich habe noch mehr gehabt als üblich, daß man damit rechnen muß, daß ein erhöhtes Krebsrisiko auch für andere Krebsarten einfach da ist oder andere Folgeschäden auftreten können.«

Sie leben mit einem Partner zusammen, der nicht der Vater Ihres Kindes ist. Wenn man wie Sie den Tod vor Augen hat, damit lebt, welche Rolle spielen dann Liebe und Sexualität?

»Ich habe das Gefühl, daß man durch so eine Erfahrung, wie ich sie gemacht habe, also durch eine Erfahrung, dem Tod nicht mehr ausweichen zu können, ja – daß ich da erst gelernt habe, also sehen konnte, was Liebe eigentlich ist. Daß das, was ich vorher dafür gehalten habe, Liebe in der Partnerschaft und überhaupt alles, was ich unter Liebe verstanden habe, daß das meiste davon gar nicht real ist, daß das Vorstellungen sind oder Träume. Und das, was Liebe wirklich ist, das habe ich in dieser Zeit erst sehen können. Und daß es was ganz anderes ist, als ich mir immer darunter vorgestellt habe.«

Sie haben Todesnähe erlebt. Gibt es da auch die Verzweiflung über die eigene Hilflosigkeit?

»Ich würde sagen, daß das eine ganz zentrale Geschichte ist, diese Hilflosigkeit. Ich habe das Gefühl gehabt, mir ist alles aus den Händen genommen worden. Und ich kann nichts machen. Und ich war vorher jemand, der immer das Gefühl hatte, ich muß dafür sorgen, daß das passiert und das passiert. Und wenn ich etwas will, muß ich dafür kämpfen, muß immer etwas tun. Und als ich dann krank wurde, hatte ich das Gefühl, ich kann gar nichts mehr machen. Mir ist alles aus der Hand genommen worden. Ich bin nicht mehr der Regisseur in meinem Film. Ich bin jetzt nur noch jemand – wie ein Objekt –, mit dem etwas getan wird. Gerade in der Klinik, während der Therapien, kommt das ganz stark, daß man daliegt und völlig entmündigt ist auf eine bestimmte Art. Und immer werden Dinge gemacht mit einem, wo man selber wenig Einfluß drauf hat. Bei ein paar Dingen kann man sagen: ja oder nein, aber das ist doch sehr begrenzt. Und dann kommt eine große Hilflosigkeit und Schwäche. Und eine Konfrontation mit Nicht-können, mit Unfähig-sein, irgend etwas tun zu können in so einer Situation, das ist eine ganz neue

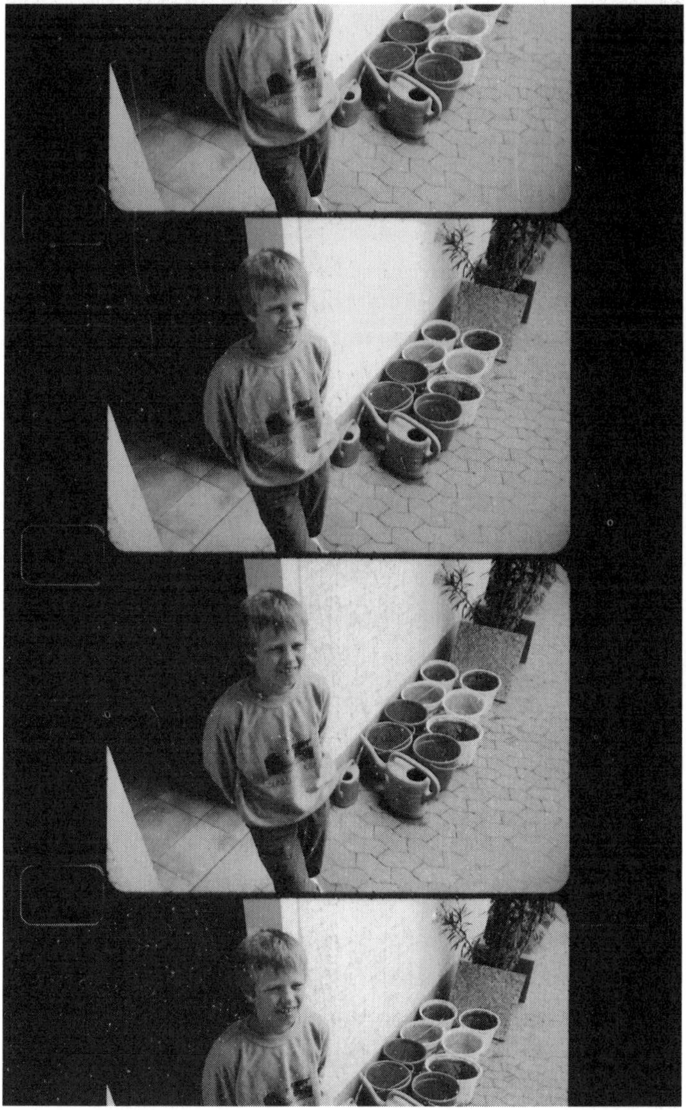

Erfahrung für mich gewesen. Gerade in den Extremen, und über so eine lange Zeit.«

Sie haben einen neunjährigen Sohn, der jetzt bei Ihrer Mutter in Herford lebt. Sie müssen ihn natürlich auch auf den Tod vorbereiten. Wie haben Sie ihm Ihr mögliches Ende geschildert?

»Er wußte, wie es um mich stand die ganze Zeit. Und ich habe versucht, im Kontakt mit ihm das auch immer wieder anzusprechen, vielleicht nicht so direkt. Aber wenn Fragen da waren von ihm, wenn er was wissen wollte, daß ich dann auch ganz ehrlich mit ihm war. Und ich hatte das Gefühl, daß er besser damit umgehen konnte als Erwachsene. Daß es für ihn gar nicht so ein Tabu oder eine Belastung ist, sondern daß er neugierig war, was ist das eigentlich: Tod, und was ist das Sterben, und wie fühlt sich das an, und wo bist du dann. Und die ganze Neugier von so 'nem Kind, die ist viel unbelasteter als bei Erwachsenen. So habe ich das empfunden. Also gar nicht als so eine Schwere.«

Was haben Sie ihm auf seine Frage gesagt: »Wo bist du dann, Mutter?«

»Das ist natürlich schwierig, weil – das weiß ich ja auch nicht. Ich habe ihm gesagt, jedesmal wenn du Sehnsucht hast nach mir und ich bin dann nicht mehr da, dann setz dich einfach hin und fühl dein Herz. Dann habe ich ihm gezeigt, daß er seine Hand da hinlegen soll. Und wenn du dann an mich denkst, dann bin ich auch da. So habe ich ihm das gesagt, also daß ich das dann auch spüre. Wenn er sein Herz spürt, daß ich dann auch mein Herz spüre, und daß wir dann auch zusammen sind. Und er hat das sofort angenommen. Also das war gar keine Frage, daß das so sein wird für ihn. Ich glaube, daß es nicht so bedrohlich war, deshalb. Auch weil ich zum Schluß durch diese Angst auch ziemlich durch war und dann so was auch sagen konnte zu ihm, ohne selber Zweifel daran zu haben. Das spürt ein Kind ja sofort, wenn man etwas selber nicht richtig weiß oder wenn man es anlügen würde oder so. Das würde es sowieso merken, deswegen habe ich das auch nie gemacht.«

Werner Filmer:

Sie hoffte auf Genesung

Stephan – den ich auch in der Kölner Uniklinik kennenlernte – hatte chronische Wucherungen im lymphatischen Gewebe. Seine Abwehrkräfte hatten sich verringert. »Tumor oder Krebs ist nicht gesagt worden«, meinte er, »die Ärzte sprachen von einer langwierigen Systemerkrankung. Damit sei eine langjährige Behandlung mit Schmerzen und Leid verbunden. Aber es bestünden gute Aussichten, wieder gesund zu werden!«

Ihn fragte ich, wann er zum erstenmal richtige Angst verspürt habe, sterben zu müssen. »Das war gleich am ersten Tag im Krankenhaus. Ich fühlte mich innerhalb einer Stunde zum Ausstellungsobjekt gewandelt. Sieben Ärzte umstanden das Röntgenbild. Ich lag da, war schwitzig und nervös, wollte weglaufen, konnte nicht, hatte Angst, wirklich große Angst, sterben zu müssen.«

Mit Stephan redete ich über die Anfänge seiner Krankheit, über erste Kopfschmerzen, über angeschwollene Lymphknoten, über die Qualen der Therapie, über seine Magenkrämpfe.

Sie mußten mit dem Tod rechnen. Was hieß das für Sie?

»Am Anfang große Angst und ein Loch. Etwas Diffuses, das nicht zu erklären ist. Ich habe gehadert, weil ich früher Leistungssportler war. All dies mußte ich aufgeben. Dann habe ich mich auf jeden Tag gefreut. Die scheinbar nebensächlichen Dinge des Lebens wurden wichtig für mich. Die Sonne, die täglich aufgeht; ein Vogel, der pfeift; ein Mensch, den ich grüße...«

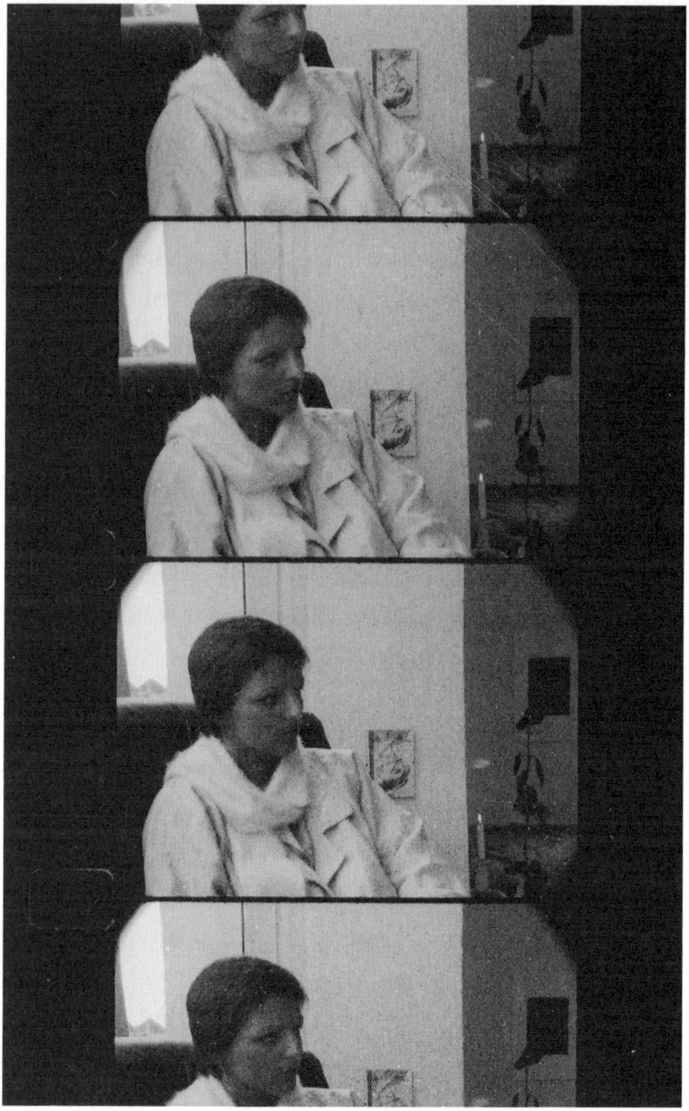

Ich habe mit vielen Menschen gesprochen, die krank waren, nur noch wenig Zeit zum Leben hatten. Menschen, die ihren Tod zu kennen schienen, die sich täglich damit auseinandersetzten. Stephan wollte genesen. Susanne hoffte auf Genesung. Im Krankenhaus hatte sie sich einer Chemotherapie unterzogen. Zellgifte wurden angewandt, um ihre Krebszellen zu zerstören. Dabei wurden auch gesunde Zellen zerstört. Das ist immer so. Es folgten starke Entzündungen der Schleimhäute, Ausschlag und Haarausfall. Eine zweite Chemotherapie ließ sie geschehen. Danach suchte sie nach anderen Wegen, nach Mitteln, die ihr halfen.

Nach der ersten Therapie sei sie darauf angewiesen gewesen zu warten, sagte sie. Nicht immer sei sie entspannt gewesen, habe aber abgewartet. Nach der zweiten Behandlung glaubte sie, Zeit gewonnen zu haben. Sie wollte etwas tun. »Ich habe mich an mein Leben geklammert, habe versucht, es zu retten. Ich wollte kämpfen, suchte nach Alternativen zur Chemotherapie.« Sie griff nach vielen Strohhalmen, las Bücher von Kübler-Ross und Simone de Beauvoir (über den Tod ihrer Mutter). »Das zog mich alles runter«, meinte sie, »die sind so identifiziert mit ihrem Körper. Wenn der Körper stirbt, dann stirbst auch du. Irgendwie geriet ich in Verzweiflung. Bhagwan spricht vom Tod als Höhepunkt des Lebens. Bei Büchern, die ich las, hatte ich immer das Gefühl, daß es für die Menschen wichtig ist, daß nach dem Tode doch noch etwas kommt. Er redet nie davon, was danach kommt. Er sagt lediglich, der Tod könne zum Erlebnis werden!«

Zum erstenmal erfuhr ich, daß sie ihn schätzte. Häufig sprachen wir über Impulsgeber, über Menschen, die Erkenntnisse vermitteln. Über Ängste und Hoffnungen. Über Wege und Irrwege. Über Energie und Krankheit. Sie hoffte auf Genesung. Oft telefonierten wir miteinander.

März 1990. Oft haben wir mit Susanne gesprochen. Wollten über ihre Genesung einen Film machen. Es kommt anders. Sie erleidet einen Rückfall, weiß, daß sie sterben muß, will aber mit uns sprechen. Ihre Ehrlichkeit fasziniert uns.

März 1990

Sie saß in einem Korbstuhl und lächelte. Sonne durchflutete ihr Zimmer. Blumen dufteten. Kerzen brannten. Ihr Partner hatte uns gebeten, die Schuhe auszuziehen: »Wegen der Bakterien!« Gestern rief er an. »Susanne geht es schlecht, kommen Sie bald, wenn das Gespräch noch zustande kommen soll!«

Ich spürte Verhaltensunsicherheit, Nervosität. Stand vor ihrem Haus, wartete auf das Fernsehteam. Hinter mir erhob sich der Klotz der Kölner Uni-Klinik. Susanne würde bald sterben, wußte ich. In mir keimte Scheu. Was wollte ich von ihr wissen? Was erfahren? Welche Einsicht würde sie mir vermitteln? Resignation oder Sentimentalität? Hatte sie ihr Todesgeheimnis durchschaut? Reicht der Mensch über zeitliche und räumliche Endlichkeit hinaus?

Magnolien blühten. Ich sehe diesen Tag neu. Gibt es richtige Antworten, wenn der Tod seine Hand ausstreckt? Seine Gegenwart lähmte mich. Immer wird das Sterben eines Menschen rätselhaft und normal zugleich sein. Welchen Sinn hat der Tod? Wie oft ist diese Frage in Jahrmillionen gestellt worden? Jeder hat sich danach gefragt. Durch die Zeiten hindurch. Durch die Vielzahl der Kulturen.

In Bonn sind die Vorbereitungen auf eine Währungs-,

Susannes Mutter zeigt Werner Filmer Fotos ihrer Tochter:

»Hier war sie mit ihrem Bruder. Da waren wir zur Hochzeit eingeladen. Da war sie als Blumenmädchen. Hier war sie ein halbes Jahr alt.«

Was ist das eigentlich für Sie für eine Erfahrung, sie sterben zu sehen?

»Ich muß sagen, es war schlimm. Auf der anderen Seite muß ich jetzt so oft daran denken, daß ich aber auch dankbar dafür bin, daß ich das miterleben durfte – so bewußt. Für mich war es erst immer ein Rätsel, wie sie damit fertig wurde. Sie sprach da so frei und offen, das konnte ich erst gar nicht begreifen. Ich selber mußte manchmal weggucken, wenn sie von ihrem Tod sprach, und wie sie das so sieht, und wie sie es haben möchte.«

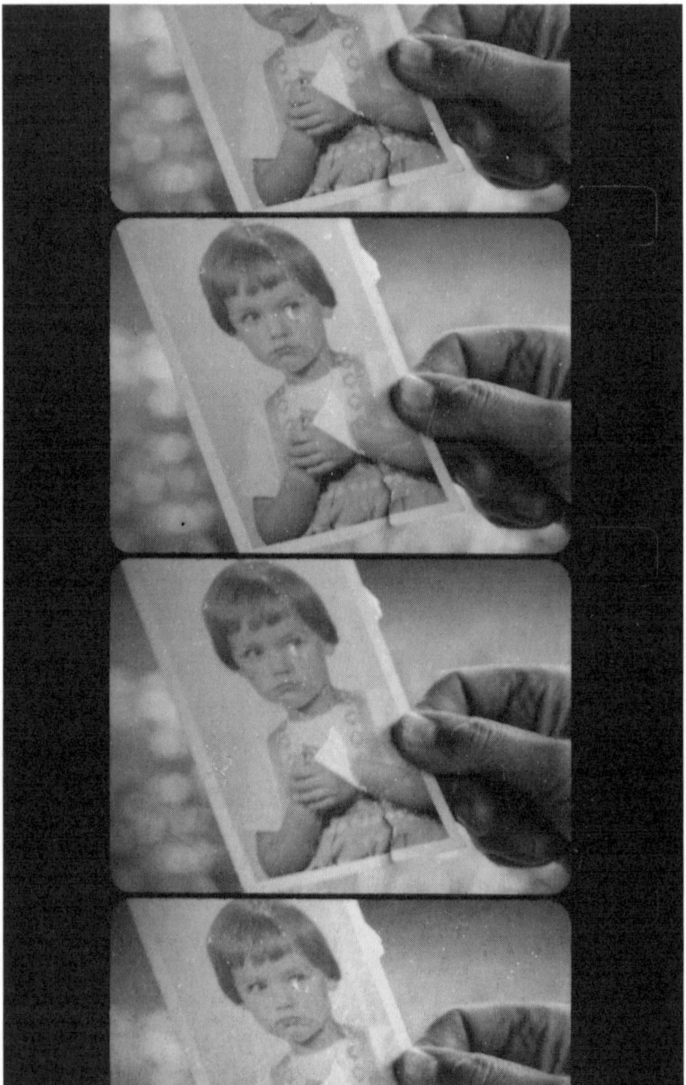

Susanne Fleer dazu:

»Ja, das ist so das Schmerzhafteste, die Trennung von meiner Familie. Das macht mir am meisten zu schaffen. Auch daß ich das Gefühl habe, ich würde ihnen gerne ihre Trauer abnehmen. Weil ich das Gefühl habe, daß ich an einem Punkt bin, wo ich mehr in Ordnung damit bin, also daß ich das Gefühl habe, ich kann auch gehen jetzt. Das Schwere ist, daß sie mich gehen lassen müssen. Und ich merke, wie schwer das für sie ist, und würde ihnen das gerne abnehmen und kann es nicht. Und das ist so ein Punkt, der mir sehr weh tut. Der sehr schmerzhaft ist. Daß ich das Gefühl habe, ich kann ihnen diese Ruhe und dieses In-Ordnung-Sein mit dem Sterben nicht vermitteln, das muß aus ihnen selber kommen, das kann ich ihnen nicht geben. Und das fällt mir sehr schwer.«

Würden Sie in Ihrem Leben etwas anders machen, gemacht haben, wenn es ein Zurück gäbe, im Alltag, im Zusammensein mit sich oder anderen, wenn dies möglich wäre?

»Etwas, was ich so im Moment manchmal habe, was ich auch schon mal jemandem gesagt habe, ist, daß ich denke, die Zeit, die man mit sich selbst verbringt, alleine, wo nichts passiert, wo kein Programm ist, wo man einfach mit sich ist, in Muße oder wie man das nennen will, daß das eigentlich die intensivste Zeit ist. Und daß das so – wenn ich jetzt so zurückgucke – die Momente waren, wo ich das Gefühl hatte, da habe ich richtig gelebt, also da war ich richtig da. Wo nichts von außen war, kein Programm, keine Handlung, kein Tun, sondern einfach ein Da-Sein. Wenn ich jetzt noch mal Zeit hätte oder noch so ein Leben vor mir mit dem Wissen, das wäre für mich das Wichtigste. Einfach mir selber Raum zu geben, eine Stunde am Tag oder zwei – oder immer wieder so Phasen, wo einfach nichts ist, wo ich einfach – mit mir sein kann und dem, was um mich herum ist, Natur oder was auch immer. Das ist das, was mir im Moment sehr wichtig ist. Auch jetzt hier zu sein. Ich möchte, daß wenig passiert, kein Aktionismus oder Tun oder noch mal irgendwohin fahren oder ans Meer fahren oder was so an Vorschlägen von anderen auch kommt. Ich habe das Gefühl, ich möchte einfach nur hier sitzen und da sein. Und sonst gar nichts. Das ist das Wertvollste. Was ich so spüre – einfach so da sein und schauen und so was Schönes sehen können. Sehen, daß draußen Frühling ist und daß die Bäume blühen und der Himmel blau ist.«

Der Lebenspartner von Susanne dazu:

»Ich habe mir immer vorgestellt, wenn ich in der Lage wäre, wie würdest du dich verhalten. Und da muß ich sagen, ich glaube nicht, daß ich das so gebracht hätte. Tja, wo hat sie das her? Kann ich nicht beantworten!«

Susanne Fleer:

»Was ich selber mal mitbekommen habe bei einer Mitpatientin, die an Leukämie gestorben ist, daß dann die Adern aufgingen unter der Haut, weil kein Blut mehr nachgegeben werden konnte, was aber an sich nicht schmerzhaft ist – da glaube ich, das Kämpfen von ihr, das war viel qualvoller, daß sie dagegen angekämpft hat. Ich glaube, daß das, was körperlich abläuft, gar nicht so quälend ist. Weil mit Schmerzen kann man irgendwie immer umgehen.«

Durch Opiate?

»Durch Opiate? Auch . . . Ich habe selber erfahren, daß es nachher nicht mehr so wichtig ist, ob man Schmerzen hat oder nicht. Irgendwo gibt's immer Möglichkeiten in der Medizin heute, damit umzugehen. Da habe ich also ziemliches Vertrauen, weil ich es auch schon kennengelernt habe. Ich glaube, was qualvoll sein kann und schlimm am Ende, wenn man in so einen Kampf reingeht, daß man nicht will. Und der Körper einfach leben will und soviel Lebenskraft noch hat, daß er sich total wehrt. Und das habe ich auch schon mitgekriegt. Und das sah ganz schlimm aus. Muß aber – glaube ich – nicht so sein. Ich glaube auch, daß es irgendwie ganz anders sein kann. Ich habe immer wieder Momente, wo ich das Gefühl habe, es ist gut jetzt, und ich kann jetzt gehen. Als ob mir von der anderen

Seite plötzlich was entgegenkommt, was die Hände aufhält. Das kann ich ganz schwer beschreiben, weil das mehr Eindrücke oder so innere Bilder sind, die ich habe.«

Das heißt, die Welt verändert sich im Sterben?

»Ja, ganz deutlich. Ich habe eher das Gefühl, auch bei diesem Grün, das jetzt draußen ist, in mich aufzunehmen und gar nicht so eine Trennung zu verspüren zwischen mir und dem, was außen ist. Sondern das geht ineinander über. Wie eine Auflösung empfinde ich das. Und das nimmt mir ganz viel Angst weg. Es ist so, als ob ich das Gefühl habe wie: Ich löse mich auf in dem, was um mich herum ist. Und das ist auch was Schönes, das ist auch eine ganz große Befreiung.«

Wenn Sie heute, kurz vor dem Eintritt in die Unendlichkeit, Ihre Situation beschreiben, was ist für Sie dann das Wesen des Todes? Was verbinden Sie damit?

»Eine Tür – ein Übergang. Ich empfinde das so, als ob es den Tod als etwas, was man personifizieren kann, nicht gibt, auch nicht als Zustand. Das ist nicht was, was ich glaube, sondern das ist etwas, wo ich reinspüren kann und wo ich in dem Sinne Erfahrung hab', als ich Erfahrung mit Meditation habe, was für mich fast dasselbe ist. Also einfach in eine innere Welt gehen, und die ist für mich jetzt fast realer als das, was um mich herum passiert. Es kommt mir fast wie ein Traum vor manchmal. Als was Irreales. Auch wenn ich so auf die Straße schaue und die Autos

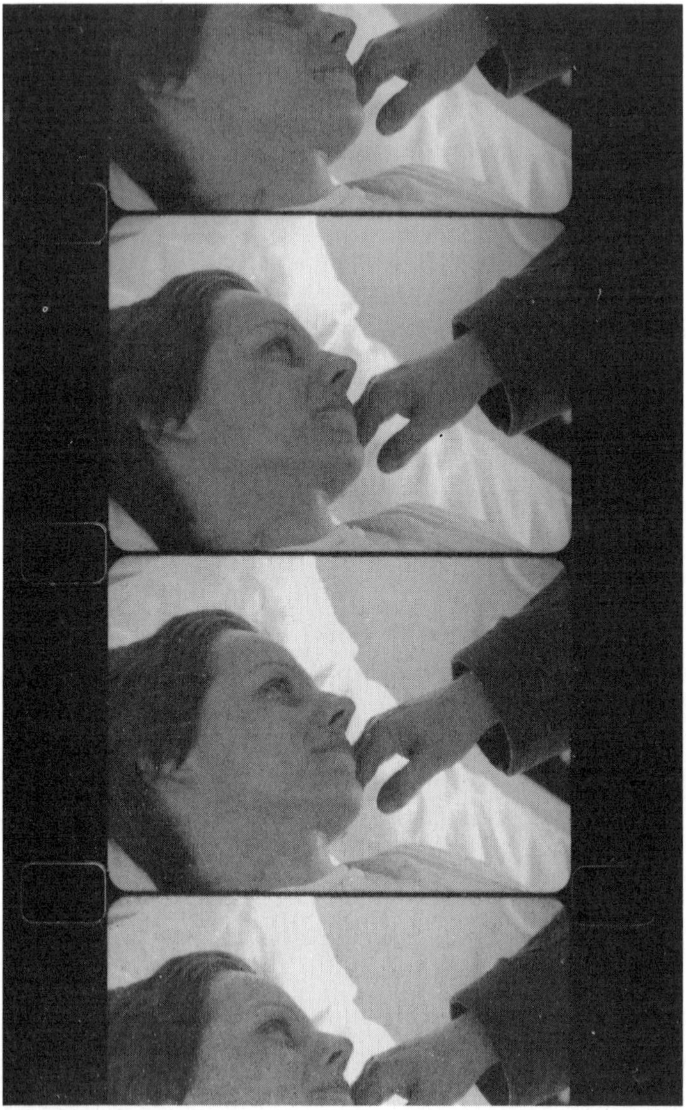

sehe, dann denke ich, mein Gott, wie absurd. Also dieses Absurde im Leben wird immer deutlicher. Und mein Empfinden von Farben oder Stimmungen oder von inneren Bildern, das wird immer stärker. Und das hätte ich selber nicht gedacht, daß das so sein würde.«

Als Sie die Gewißheit hatten, bald zu sterben, sterben zu müssen, was brach in Ihnen auf, was haben Sie gefühlt?

»Ab dem Moment bin ich ruhig geworden. Der ganze Aufruhr war vorher. Es war in der Woche, wo nicht klar war, ist es jetzt oder nicht, da war viel Aufruhr bei mir. So viele Fragen, warum jetzt, und auch abhauen wollen, weglaufen wollen, morgens nicht wach werden wollen, die Decke über 'n Kopf und nichts mehr heran. Und das war in der Woche davor, wo ich das Gefühl hatte, dieses Zwischenstadium, das war mir einfach zuviel. Als ob ich das nervlich auch nicht mehr schaffen könnte, noch mal diese ganzen Durchgänge zu machen. Und ich glaube auch, solange man lebt, man einfach auch leben will. Das spür' ich auch. Der ganze Körper, das ganze Wesen, was hier ist auf der Erde, das auch hier sein will und dafür kämpft, daß es hier ist. Und dazu gehört auch Angst als Schutz, als Mobilisierung von Kraft. Das gehört da alles dazu. Das sehe ich nicht negativ, sondern als ganz klaren Impuls, leben zu wollen. Und da sind diese ganzen Reaktionen, die gehören dazu, wie Angst oder weglaufen wollen oder aufgeregt sein, Herzklopfen, wenn ich in die Klinik gehe, diese ganzen Sachen. In dem Moment, wo das klar ist, ist es vorbei.«

Werner Filmer:

Denken an den Tod, reden über den Tod! Seit Jahrtausenden charakterisiert die Einstellung zum Tod das Leben jeder Gesellschaft, unser individuelles Leben. Die einen schließen eine Lebensversicherung ab, halten das für eine ausreichende Vorsorge auf den Tod. Die anderen gehen auf Friedhöfe, in Kirchen, kaufen rechtzeitig einen Grabplatz, besuchen Seminare, um das Wesen des Todes kennenzulernen. Sterben macht neugierig. Unfallorte haben magische Anziehungskraft. Die letzten Stunden der Prominenten faszinieren das Regenbogenpublikum. Ich verstehe das.

Die meisten vermeiden aber, Tod und Sterben gedanklich zu berühren. Tod bleibt das Tabu unserer Industriegesellschaft. Man will dem Tod nicht »ins Auge« sehen. Und weil das Sterben an den Rand gedrängt wurde, abgeschoben in Kliniken, wächst die Unsicherheit im Umgang mit den Sterbenden.

Auch ich wollte verdrängen, nicht zusehen, nicht einsehen, daß das Leben auf den Tod zuführt. Ich fürchtete den Tod, weil ich das Leben liebe. Ich hänge daran, ordne Besitz, Bilder, Bücher, Antiquitäten, versuche das Leben festzuhalten. Doch ich merke, daß all dies das eigentliche Leben verhindert. Ich verstand den Tod deshalb nicht, weil ich das Leben nicht begriff.

Susannes Sterben löste das mitgeschleppte Mißverständnis auf. Was ist Wahrheit? Sind Wahrheiten die realen Geschäfte, Häuser, Kriege, Verluste und Gewinne? Oder sind Wahrheiten unsere Träume, die Stille in uns, die noch unentwickelte Kreativität, unsere Phantasien? Wahrheiten lassen sich durch Worte nicht beschreiben. Eher durch das Hineinhorchen in sich selbst. Durch die Energie, die im Inneren vorhanden ist.

Susanne wohnt 200 Meter von der Onkologischen Ambulanz entfernt. Läßt täglich ihr Blut kontrollieren. Noch kann sie gehen. Sie sagt:

»Bisher klappt das noch, daß ich gehe. Ich habe aber schon mit dem Arzt gesprochen, der hier in der Klinik arbeitet. Wenn es nicht mehr geht, dann kommt er von seinem Dienst vorbei und würde mir zu Hause Blut abnehmen.«

Bert van der Post, der Krankenhausseelsorger, kennt Susanne seit vier Jahren. Er begleitet sie, ihm vertraut sie. Er redet mit ihren Angehörigen und ihrem Partner.

Susannes Lebenspartner erzählt ihm:

»Ich habe mit ihr eine sehr, sehr schöne Zeit erlebt. Ich habe dieses Jahr sehr genossen und habe so eine Angst davor, daß jetzt mit ihrem Gehen diese Seite von mir auch stirbt und daß in mir auch wieder tot ist, was ich so noch nicht gekannt habe.«

Susanne Fleer:

»Ich habe das Gefühl, das ist ganz schwer für jeden, mich eingeschlossen, das auszuhalten, diesen Moment, nicht zu wissen, wie lange noch, wie das weitergeht; das einfach auszuhalten; nichts zu wissen. Und da fällt ganz viel vor, da passiert dann ganz viel an Prozessen von Verzweiflung, Hilflosigkeit, aber auch Neugierde, gucken wollen und wissen wollen. Das kriege ich auch bei anderen mit, die um mich herum sind, daß das eine ganz intensive Zeit ist – auch für sie.«

Ich habe Sie vor einem Jahr gefragt, ob Sterben und Sexualität sich ausgrenzen. Was ist für Sie heute die Erfahrung von Nähe, Sexualität und Partnerschaft?

»Es wird tatsächlich anders, also das empfinde ich als was ganz anderes jetzt. Ich habe das Gefühl, daß das, wie man normalerweise Sexualität lebt, ein Ausdruck von Trennung ist. Daß man den anderen als etwas Getrenntes empfindet, was einen ergänzt, oder den man braucht für seine eigenen Bedürfnisse, für sein eigenes Wohlbefinden. Aber das ist eine Trennung. Es ist jemand anderer. Was ich im Moment erlebe, ist von mir aus ein ganz großes Geben-Wollen von Nähe und auch Empfinden von Nähe, einfach im Zusammensein. Das kann auch ein Zusammensitzen sein und Stillsein. Ganz viel Stille ist da drin. Und wenn ich jetzt jemandem nahe bin, ist das mehr so ein Auflösen von Grenzen. Also daß ich den anderen gar nicht mehr als etwas Getrenntes empfinde, was ich vorhin erzählt habe von diesen Pflanzen, wie ich das empfinde. Das geht mir mit Menschen ganz ähnlich, daß ich auch spüre, wie es jedem geht, ohne daß er irgend etwas sagen muß.«

Die Mutter von Susanne:

»Sie ist nun seit 1976 hier weg und hat dann ihr Studium da aufgenommen. Aber trotzdem – irgendwie wußte ich immer, was geschieht und wo sie war.«

Sie haben sich, glaube ich, sehr schwergetan, sie loszulassen?

»Ja, ich konnt's nicht fassen. Ich konnte es einfach nicht fassen.«

Was war das Schwerste?

»Wie sie da so lag, und ich konnte nichts mehr machen. Es war unmöglich. Aber vor allen Dingen hat mich das so beeindruckt. Sie selber war ja nun so ruhig und wollte immer mit mir darüber sprechen, was mir dann aber so schwerfiel. Ich war nicht so frei. Ich konnt's auch nicht begreifen, daß sie so ruhig ist und Abschied nimmt. Sie hat ja ganz bewußt Abschied genommen von uns allen.«

Prof. Dr. Volker Diehl, Chefarzt und Susannes Ansprechpartner in der Klinik:

»Daß ich Ihnen überhaupt die Möglichkeit gebe, mit einer Patientin von mir, mit Susanne, zu sprechen, hat den Grund, daß ich es selten erlebt habe, daß ein Mensch so natürlich – wie Sie es ja auch schon gesagt haben – damit umgeht. Ich halte die Sterbearbeit, das Vorbereiten auf das Jenseits, was immer man davon hält, für die größte Leistung, die ein Mensch überhaupt physisch und psychisch leisten kann. Und wer das so schafft, sich so vorbereitet, der muß das weitergeben. Ich glaube, daß Susanne ein Vermächtnis an uns Lebende gibt, es so nachzumachen.«

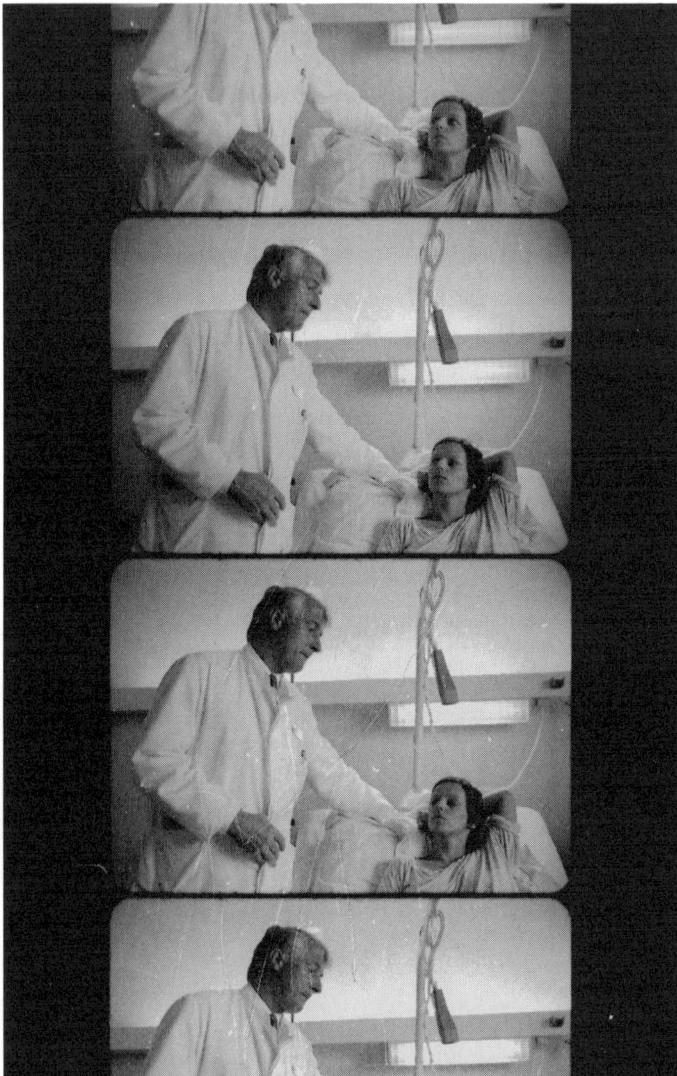

Bert van der Post und Susanne im Gespräch:

»Champagner für arme Leute! Ich habe ja gestern, als der Klaus hier war, draußen im Arztzimmer gesessen, und dann kam er, dann hat er sich zu mir gesetzt und hat ganz furchtbar aus sich heraus geweint. Und ich habe ihn dann auch einfach weinen lassen. Man merkte auch, es kam so richtig viel raus an Schmerz und Trauer und Verzweiflung. Ich habe ihn dann aber auch nicht getröstet, weil ich das Gefühl hatte, es ist ganz, ganz wichtig, daß er seiner Verzweiflung mal Luft läßt. Und dann habe ich ihm so 'n Stups, so 'ne kleine Ohrfeige gegeben, unter dem Motto: jetzt Liebe! Und das war dann auch ganz gut. Und ich würde gerne mal mit ihm reden und versuchen, ihm das mal klarzumachen, daß das für Dich doch sehr schwierig ist.

Die Mama kommt heute?«

»Die kommt rein, ja.«

»Vielleicht begegne ich ihr. Ich habe nachher noch eine Trauerfeier auf dem Westfriedhof, bei dem schönen Wetter.«

»Ja, ist schön heute. Sieht so diesig aus.«

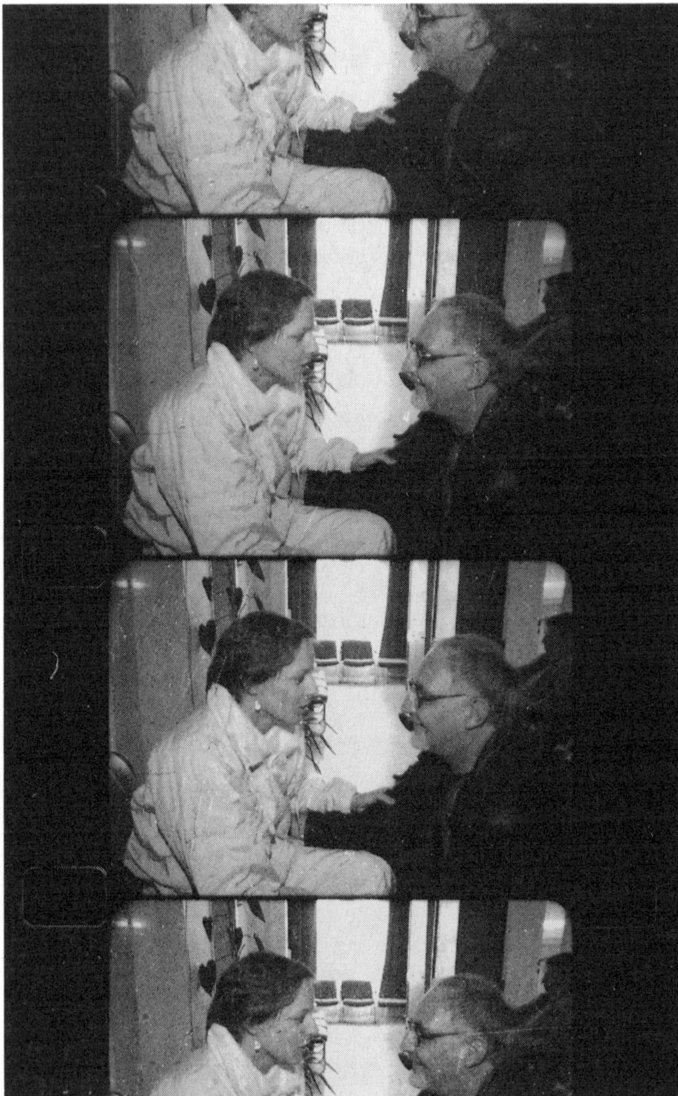

Werner Filmer:

Ich habe ein Gedicht von Philippe Soupault gelesen, der vor einiger Zeit in Paris starb. Genaugenommen am 12. März 1990.

TROST

Hand in Hand
Auge in Auge
Erinnerungen
wie Sterne
und Träume, vergessen
und wiedergefunden.
Nichts ist verloren
Staub
der Erinnerung
verirrte Briefe
es genügt
einzuschlafen.

Sterbende tasten nach der Wahrheit, kommen ihr näher. Weshalb wollen alle wissen, ob es ein Tor, eine Tür gibt? Ob Licht zu sehen ist oder Strahlen, oder Feuer, oder Helligkeit, oder Lebenshauch, oder Sonnen des hinströmenden Lebens? Verschlafet nicht die drei besten Dinge: »Gut gedachte Gedanken, gut gesprochenes Wort, gut getanes Werk!«, habe ich in einem alten persischen Buch gelesen. Was bleibt dem Menschen nach dem Verlust des Schauens?

Ich sehe Susanne vor mir. Ein warmer Blick greift nach mir. Noch ist das Sichtbare in ihr. Noch ist ihre Hand warm.

Erst im vierzehnten Jahrhundert schufen die Künstler den Sensenmann, stellten den Tod als Skelett dar. Verfallene Leiblichkeit. Ich schaue in Susannes Gesicht. Sie zeigt mir einen Bildband. Die Bilder hat ein DDR-Fotograf geschossen. Totengesichter. Alle haben ein Lächeln im Gesicht. Da entweicht, entspringt, entzieht sich etwas dem Leben. Susannes Sohn hat ein Bild gemalt. Es hängt an der Wand. Schwarz, weiß, gelb. Jeder trägt den Tod auf seiner Schulter. Du verstehst, was passiert, denke ich? Was passieren könnte? Haufenweise vor und hinter dem Mond? Daß die Liebe stärker als der Tod ist, glaube ich längst nicht mehr. Die Gleichgültigkeit könnte stärker sein, entgegne ich. Der stumme, lang unterdrückte Greis in mir nickt. Er wiegt seinen Kopf, wackelt hin und her, fragt nicht mehr nach verfaulten Hölzern, nach den Tagen der Verwandlung. Er hat aufgegeben. Verlangt nicht nach Widerhaken. Man bekämpft, was einem am nächsten steht, lächelt der Alte an meinem Bett. Mit seinem Schatten überquert er die Bettdecke des bettlägerigen Greises, weidet sich an dickbäuchiger Trauer.

Seit zwei Wochen liegt Susanne in der Kölner Universitätsklinik, spricht – wenn sie kann – mit Freunden, ihrem Partner, ihren Angehörigen. Versucht loszulassen.

Werner Filmer spricht mit Bert van der Post

Sie haben gestern auch mit Susannes jetzigem Lebenspartner gesprochen. Was macht es so schwer für ihn, Susanne loszulassen?

»Er ist im Augenblick in der Situation, wo er selber weiß, daß er Susanne loslassen muß, aber es einfach noch nicht kann. Und vom Kopf her begreift er das wohl, aber sein Herz stellt sich ganz entschieden dagegen. Und es ist für ihn ein ganz, ganz furchtbarer Kampf. Und er fühlt sich auch schuldig. Aber wir haben gestern in dem Gespräch, das wir geführt haben, wo auch sehr viele Tränen geflossen sind vom Klaus, festgestellt, daß doch schon vieles passiert ist. Und ich habe ihm auch gesagt, Susanne wird nicht eher sterben, bis daß du sie wirklich loslassen kannst. Und ich glaube, wir werden jeden Tag was dran machen im Gespräch, daß er das auch für sich langsam lernen kann. Er spürt im Unterbewußtsein, daß es für ihn ganz wichtig ist und daß er das auch kann. Und ich habe ihm auch gesagt, ich traue dir das zu, daß du das kannst, du mußt dir nur selber vertrauen, und lieben heißt – loslassen! Man kann keinen Menschen festhalten und besitzen!«

Der Lebenspartner von Susanne:

»Ja, ich tue mich halt schwer – und es ist immer so eine Geschichte; ich möchte gerne und versuche, es mir zu erklären, was nötig ist, damit ich sie loslassen kann, und merke, das funktioniert alles nicht.«

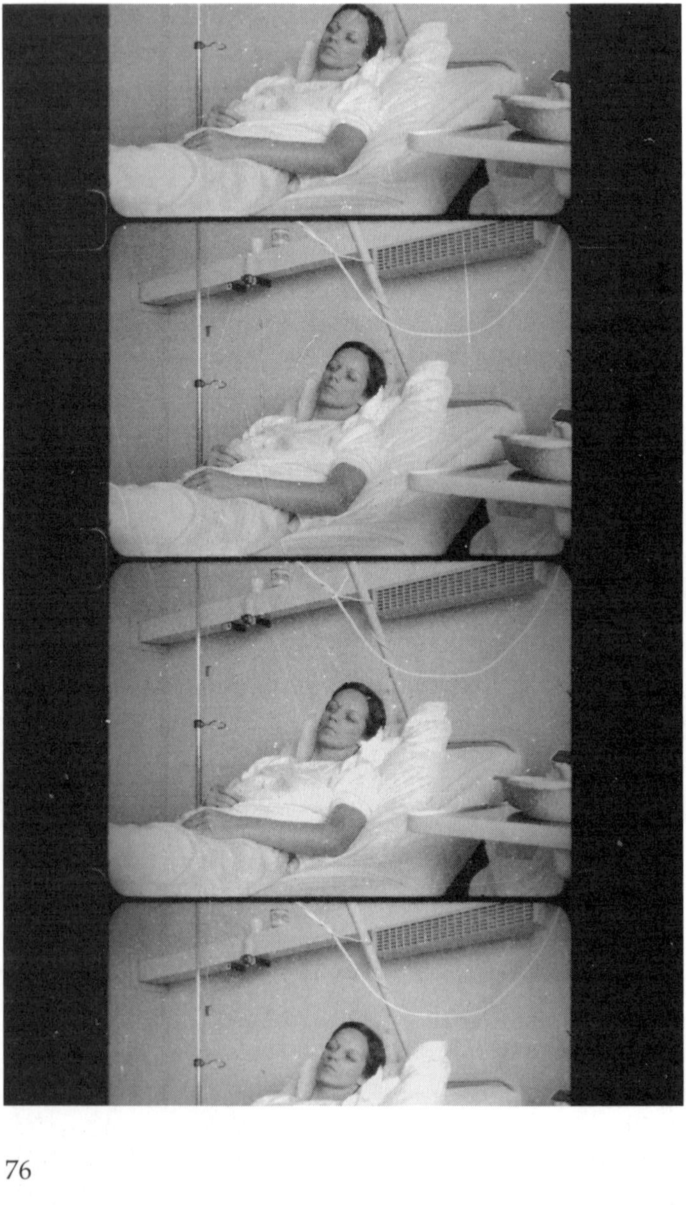

Werner Filmer spricht mit Prof. Dr. Volker Diehl, dem Chefarzt, über Susannes medizinischen Zustand:

»Susanne hat nach der Transplantation jetzt ein Rezidiv in ihren eigenen Zellen.«

Was heißt das für Laien?

»Für Laien: Sie hat die Blutzellen aus dem Knochenmark ihres Bruders bekommen, das sind männliche Zellen. Und wir haben gehofft, daß wir ihre eigenen bösen Zellen völlig vernichtet haben. Das war leider nicht so. Es gab böse Zellen, die in irgendwelchen Nischen ihres Knochenmarks übriggeblieben sind, trotz der intensiven, fast tödlichen Therapie, die wir gewagt haben. Und die männlichen Zellen, das heißt die brüderlichen Zellen, sind normal; sie sind nicht bösartig geworden, sondern es sind ihre, Susannes weibliche Zellen, die jetzt wieder bösartig geworden sind. Und die sind gewachsen und haben die normale Blutbildung an den Rand gedrückt. Sie hat jetzt eine Infektion bekommen, ist blutungsgefährdet, und sie ist jetzt sehr gefährdet. Sie hatte vor einigen Tagen so starke Schmerzen, daß sie richtig geschrien hat, durch eine Lungenentzündung. Und wir haben ihr jetzt Schmerzmittel gegeben, und es geht ihr jetzt verhältnismäßig gut.«

Wie lange wird Susanne leben?

»Wenn Sie jetzt nach der Perspektive fragen, die Susanne und ich besprochen haben, dann spielen wir das sehr langsam und gehen von Tag zu Tag, machen keine große Entscheidung. Nicht, Susanne? Wir sehen jeden Tag, wie es wird. Und unsere Perspektive ist, wenn wir können, mit einer milden Therapie ihr Leben zu verlängern. Im Vordergrund steht die Lebensqualität. Das heißt, jeden Tag ohne Schmerzen zu erleben, positiv, daß sie nicht leidet. Das ist mein erstes Ziel. Das zweite Ziel ist, daß ich sie ihrem Freund, ihrem Lebensgefährten, und ihrem Sohn noch lange erhalten möchte. Ob wir das mit einer milden Therapie schaffen, weiß ich nicht. Im Moment hat sie nicht die psychische und physische Kraft, eine aggressive Therapie zu ertragen. Und das Tempo und die Intensität all dieser Dinge bestimmt die Susanne, nicht ich. Ich bin nur der Vorschlagende, das Werkzeug – nicht?«

Werner Filmer:

Alle Menschen müssen sterben. Aber für die meisten ist der Tod ein Unfall, etwas, das besser nicht geschehen sollte. Jeder sehnt sich nach Unsterblichkeit, möchte auf die unendliche Sonnenseite gelangen, möchte sich vor dem Tod drücken.

Jeder fürchtet den Tod. Jeden peinigt Todesangst. Jeder möchte wieder auferstehen, weiterleben. Irgendwie, irgendwo. Diesen Salto mortale des Lebens schlägt jeder. Man sucht nach Lehrmeistern, Eingebungen, Erscheinungen, um weiterzukommen. Die Menschen suchen nach Visionen, spekulieren über das Danach. Sie ringen um Sätze und Gedanken, um ihre Verstörung zu begreifen: Doch das Leben geschieht, der Tod auch. Man möchte die Rituale verdrängen: die Totenglocke, die Todesanzeige, die letzten Worte am Grabe, das Beileid, das Weinen der Angehörigen.

Schaut die Tote an. Wie sie daliegt, die Hände auf der Bettdecke. Nichts mehr zu spüren vom Röcheln, von Infusionen, von Injektionen, von Blutveränderungen. Niemand braucht mehr Vasen für mitgebrachte Blumen zu suchen, nach verlegenen Worten über das Krankenzimmer und die schöne Aussicht auf Köln. Alle kennen das. Haben im Zeitraffer ähnliche Erfahrungen gemacht, sprachen mit Bestattungsunternehmern, mit Krankenschwestern, mit Geistlichen. In Herford wohnt Susannes Mutter. Von ihr habe ich viel über Susanne erfahren. Von ihren Alpträumen, von ihrem Suchen nach dem zu früh verstorbenen leiblichen

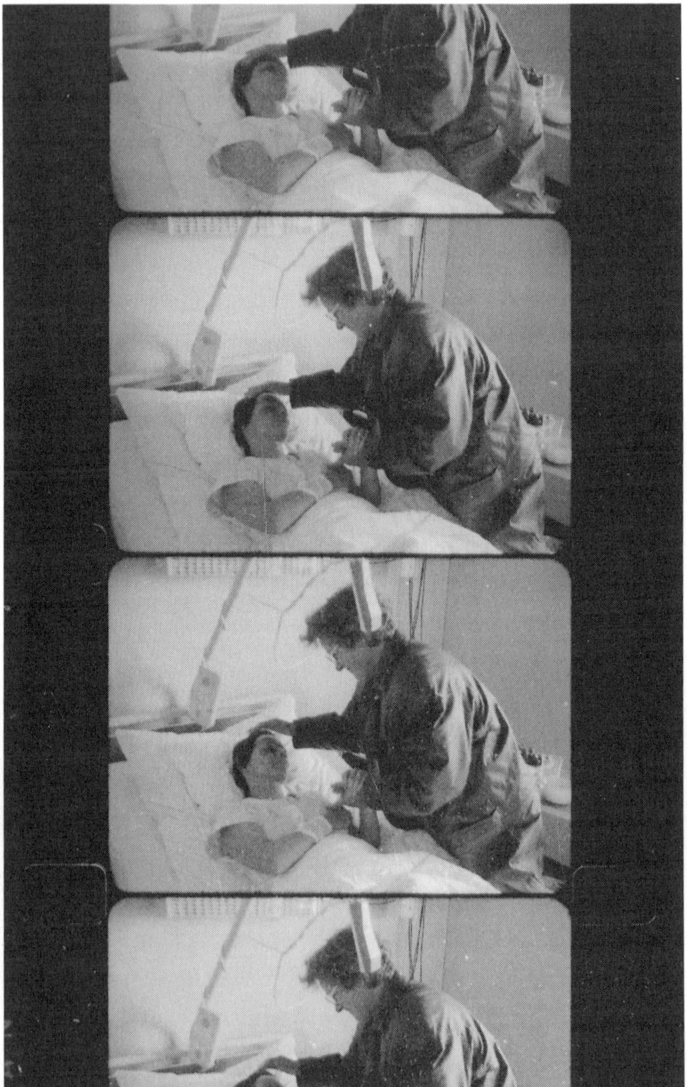

Vater, ihrem Studium in Bielefeld, von den wechselnden Beziehungen, von Jonas, von der Rückschau auf ihr Leben. Susannes Leben. Von Anziehung und Abstoßung, von Kindheit, Jugend, von ihrer Entschlossenheit, sich Wünsche zu erfüllen. Sie interessierte sich für Menschen, für soziale Beziehungen, für die Sonne unter aufsprießenden Pflanzen, für die anschauliche Poesie. Sinnschwingungen finden ihren Blick. Sie liebte Asien, Indien. Ostasiatische Denkvorgänge versuchte sie nachzudenken. Ihre Wurzeln lagen im Christentum, aber sie wollte die komplette Symphonie der Menschheit hören, suchte die Klangfülle anderer Religionen. Der kategorische Imperativ des Christentums »Du sollst!« verstörte ihre Erfahrungen und Sichtweisen. Ihre Erkenntnisse irritierten die Mutter.

Susanne lebte neugefundene Wahrheiten: Altern heißt, daß es kein Entrinnen gibt. Darüber haben Susanne und ich lange gesprochen. Sie hoffte auf Gesundheit, auf den neuen Duft des Frühlings, auf die tief schlummernden Geheimnisse, auf die Gegenwart gurrender Stadttauben, die an ihrem Fenster vorbeiflogen. Hinüber zur Uniklinik. Bild- und Begriffszeichen stellten sich ein. Das gleißende Licht des Abends, die unendliche Leere der Wüste. Bewegung und Erneuerung – sie mischten sich mit den Bildern verzweifelter Vergeblichkeit. Sie wollte schreiben, wollte die eigenen Veränderungen erleben vor dem Übergang ins Unendliche.

Susannes Lebenspartner:

»Die Änderung ist da, indem ich einfach hinschauen kann, was bei ihr passiert. Und ich merke, auch im Gespräch mit anderen, wie selbstverständlich mir der Tod von ihr manchmal wird. Das ändert sich auch. Manchmal ein Moment, dann ist es zuviel, oder ich habe den Eindruck, es ist zuviel für mich. Und die ganzen Gefühle kommen wieder hoch. Und im nächsten Moment ist einfach eine Änderung da. Und ich weiß genau, was wichtig ist.«

Die Mutter von Susanne im Gespräch mit Werner Filmer:

Sie haben die letzten Stunden von ihr erlebt. Wie ist sie eigentlich aus dem Leben gegangen?

»Ganz ruhig, ganz ruhig. Ich bin so dankbar dafür, daß ich dabeisein konnte. Denn das hätte ich nie jemandem geglaubt, wenn er mir das erzählt hätte, daß sie so ruhig eingeschlafen ist. Ich hatte immer Angst davor, daß sie noch kämpfen müßte. Ich nehme an, weil man mir das immer gesagt hat, Leukämiekranke sterben schwer. Und da hatte ich Angst davor. Aber sie ist so ruhig, so ruhig eingeschlafen, das ist nicht zu fassen.«

Ein guter Freund von Susanne erzählt:

Als Freunde haben Sie Susannes Sterben erlebt. Was veränderte sich für Sie?

»Das war so dieser Moment, wo sie ging, da war wirklich das Gefühl, das Leben in diesem Körper war zu Ende. Aber da ging was raus, das war immer noch da. Und das Stärkste in der ganzen Zeit auch für mich war wirklich, ein Stück zu mir selber zu finden, zu sehen, wie weit ich oft weg bin von mir, wie weit ich mich in Sachen verliere, die so Alltag sind. Obwohl ich sie genausogut bewußt machen könnte, wie ich einfach unbewußt damit umgehe. Und mich verliere in mein Büro, in meinem Sorgenmachen um irgendwelche Sachen. Und viel zuwenig mir die Zeit dabei nehme, diesen Abstand zu haben, zu sehen.«

Susannes Freundin über ihre Erfahrung mit dem Tod:

»Ich weiß noch, der Tag danach, als ich hierhergekommen bin, das war einfach so: Ich möchte sehen, ich möchte die Welt sehen – das Blatt, das Grün, die Sonne, die Luft, das Wasser, riechen, schmecken, hören, und einfach so sein, wie ich bin. Und das zieht sich einfach in allem durch; wenn ich tanze, dann tanze ich; wenn ich singe, dann singe ich; wenn ich esse, dann esse ich. Da habe ich dann gesehen, das ist Leben. Das ist Leben – und: für mich war es einfach, das zu sehen mit der Liebe, daß ich sehe, wie wenig ich eigentlich – meine eigene Liebe zeige, wie wenig ich Liebe von anderen Menschen annehmen kann. Und mehr mit den Menschen, wenn ich mit denen Kontakt habe, tiefer zu gehen, tiefer. Nicht nur die Maske von jemandem zu sehen und zu sagen, was ist das für 'n blöder Typ, oder zu sehen, da ist noch irgendwas in jedem Menschen, was tiefer ist und was größer ist. Und diese Qualität, mehr zu erfahren einfach, und das zuzulassen, das ist so schwer, das ist so verdammt schwer. Wie oft verurteile ich in meinem Leben, wie oft verurteile ich Menschen? So was.«

Bert van der Post in seiner Grabrede:

»Susanne hat ihren kurzen Weg hier auf dieser Erde beendet. Sie darf ausruhen in Gottes Frieden. Und daß sie da ist, da bin ich mir ganz sicher. Und daß sie jetzt hier bei uns ist, mit ihrem Geist, mit ihrer Liebe, das ist spürbar. Susanne hat einen langen, langen Weg durch ihre Krankheit hinter sich. Sie ist wirklich – wie man sagen kann – die Erlöste. Mama hat's erlebt, sie war dabei. Wenn man von einem schönen Tod sprechen kann – Susanne hatte einen friedlichen, schönen Tod. Es war keine Angst und kein Schrekken und kein Erschrecken, es war nur Frieden und Liebe. Und Jonas, der Gute, war tags vorher noch bei ihr und hat ihr gesagt, wie lieb er seine Mama hat. Susanne hat es gespürt und gehört, trotzdem sie nicht gewinkt hat, Jonas. Aber Mamas Herz hat es verstanden.«

Susannes Mutter über Jonas, den Sohn:

»Er fragt schon; doch, das tut er: ›Wo ist Mutti jetzt?‹. Und sie hat gesagt, sie ist im Himmel. Das fragt er schon. Aber dann sprechen wir richtig miteinander über Susanne, und dann ist er eigentlich auch ganz ruhig. Ich glaube schon, daß er es verkraftet hat, daß er es irgendwie ganz gut weggesteckt hat.«

Aber er fühlt sich inzwischen sehr wohl hier?

»Ja.«

Wie lange ist er jetzt bei Ihnen?

»Vier Jahre, seit ihrer Krankheit. Da sollte er ja eingeschult werden in Köln, und dann klappte das aber nicht so gut. Susanne war ja im Krankenhaus, und der Vater, der war dann doch etwas überfordert. Ist klar, nicht? Mit dem Jungen tagsüber, wenn der alleine ist. Dann haben wir ihn hergeholt, nach Herford, und haben ihn auch eingeschult. Und er hat eine gute Klassengemeinschaft gefunden, auch Freunde. Und jetzt ist es ja soweit, jetzt wird er umgeschult.«

Jetzt kommt er aufs Gymnasium?

»Jetzt kommt er aufs Friedrichsgymnasium. Er lernt ganz gut. Und wir glauben, daß er da ganz gut zurechtkommt.«

Jetzt müssen Sie noch einmal richtig von vorne anfangen?

»Ja, hatte ich eigentlich nicht gedacht so, ich wollte nur eine Oma sein für den Urlaub und zu Besuchen und so. Aber jetzt versuchen wir's halt noch mal – und werden es wohl schaffen.«

Wie alt sind Sie jetzt?

»Ich werde nun 60.«

Das Ende

Menschen umstehen das Grab. Ich kenne nur einige. Die anderen sind fremd. Und doch gibt es Augenblicke kosmischer Verbundenheit. Wir alle sehen den Tod, greifen nach der Erde, betrachten Jonas, das Kind. Gräber sehe ich, Engel, versteinert; Kreuze, Madonnen, Blumen. Gebete höre ich; Gesänge. Dazwischen fliegen Vögel. Amseln picken nach Würmern. Würmer dringen ins Fleisch, verzehren die Toten. Wenn du nicht zu Asche wirst . . .

Nein, es ist nicht die Verhöhnung des Lebens. Die Normalität sieht so aus. So bildet sich Erde, haben sich Hügel erhoben. Todesstöße sind Futter für unser Leben. Ich denke an den Sohn des Ewigen. Seine Bilder wurden in meinen Kopf geschliffen: Sohn des Abraham, des David, des Josef.

Was verbleibt von ihm im Lächeln eines Kindes, im Abschiedsschmerz der Mutter, die weinend auf die Asche ihrer Tochter schaut? Ach, Susanne . . .

Wir alle sind dem Strom des Lebens ausgeliefert, werden fortgezogen.

Empfindungen und Phantasie verschmelzen. Was fühle ich wirklich, welche Ideen bleiben? Jeder verzweifelt auf der Suche nach Wahrheit. Was ist Wahrheit? Hinter den Oberflächlichkeiten meines Alltags, des Unterhaltungs-

und Kulturbetriebes? Erkenntnisquälerei, um letztlich zu spüren, daß man nichts wissen kann. Weshalb dieses Bemühen, die Grundkräfte der Welt zu entdecken, zu begreifen? Gescheiterte Liebesmüh! Deshalb werden Menschen einsam, verzichten, gieren nach Besitz, nach Einfluß, nach Applaus.

Was war am Anfang aller Anfänge? Was hält den Mikrokosmos zusammen, was den Makrokosmos? Der Geist, der über dem Wasser schwebt, über Geburt, Tod und Vergehen? Tröstliche Gesänge höre ich am Grab, freundliche Worte, Versatzstücke einer gesprengten Einsicht. Erinnerungen werden geweckt. Die Auferstehung ist und bleibt des Glaubens liebstes Kind. Teil meiner Kindheit, Teil meiner Sehnsüchte, Teil meiner Hoffnungen. Jeder will getröstet, gestreichelt und in den Arm genommen werden. Wir alle bleiben von Schuldgefühlen geplagt, möchten uns befreien, entkommen, verraten und betrügen dabei.

»Können Sie sich ein leichtes Sterben denken?« hat Max Frisch in einen persönlichen Fragebogen geschrieben. Während der Seelsorger auf die Trauergemeinde einredet, muß ich an Frisch denken. An das melancholische Glück, das in derartigen Fragen nistet, an die unbegründeten Selbstvorwürfe, die in möglichen Antworten hocken, wenn der Reiz des Lebens diskutiert wird; wenn von der Hoffnung gesprochen wird, die in solchen Fragen lauert.

Niemand kennt die Lösung des Problems. Je näher man ihm kommt, um so weiter entfernt man sich. Ich weiß, daß niemand sich dem Tod mit Gleichgültigkeit nähert. Viele allerdings mit dem Versuch, sich verewigen zu wollen. Jeder scheint zu erwarten, daß er danach vermißt werden möge. Einigen mag es sogar gelingen. Mein Vater vermißt meine Mutter, seine Frau. Gelegentlich träumt er von ihr. Was er vermißt, ahne ich: ihre Nähe, ihr Frühstück, ihre ruhigen Augen, ihre grünen Bohnen, die nirgendwo so gut schmeckten. Die Wirkungen der Eigenliebe wird der 86jährige nicht gelten lassen wollen. Schon gar nicht die Mühseligkeiten ihres Lebens. Von Tod zu Tod wird die Verheißung des ewigen Lebens gepredigt. Ob er daran glaubt, weiß ich nicht.

Tod – die notwendige Konsequenz des Lebens? Wie oft habe ich es gehört, gelesen. Jean Améry, der seinem Leben ein Ende setzte, schrieb, daß »der Tod in seiner totalen Fremdheit und Unfaßlichkeit das Falsche ist, da wir ihn nicht denken können, und das Wahre, da er uns völlig gewiß ist«. Tod ist eine Wirklichkeit, das steht fest. Die Körperfunktionen erlöschen, Stoff- und Energiewechsel hören auf.

Früher konnte ich keine Leichen berühren. Heute scheue ich immer noch die Berührung. Totenstarre auch in mir. Die Muskeln versagen. Nach dem Tod führe die Leiche gewisse Bewegungen aus, verriet mir der Leichenbestatter. Die Finger krümmten sich, die Arme seien leicht angewinkelt. Die Füße verkrampften sich, erstarrten in einer Klumpfußstellung. Vielleicht hat mich als Kind das Starrwerden des Körpers erschreckt. Erst drei Tage nach dem Tode löse sich die Starre wieder.

Meine Gedanken
möchten entdecken, finden, wahrhaben. Jeder ist Teil des uralten Menschenrätsels Tod. Jeder verdrängt ihn. Jeder der Anwesenden hat Angst vor dem Tode wie ich. Ängste gehören zum Menschsein. Die Erwartung, Schmerzen durchleben, das eigene Sterben erleben zu müssen, können krank machen, setzen Verdrängungen in Gang, schüren das Vergessen. Todesfurcht bleibt uns erhalten.

Susanne wollte verbrannt werden. Ihr Begräbnis legte sie mit ihrer Mutter fest, mit Bert van der Post und mit ihrem Lebenspartner. Mehr weiß ich nicht. Ich habe mich auch nicht danach erkundigt. Weder weiß ich, ob sie eine Lebensversicherung abgeschlossen hatte, noch weiß ich, wie ihr Verhältnis zu Bhagwan Shree Rajneesh wirklich war, der in einer Phase ihres Lebens wichtig für sie wurde.

Das Vertrautsein mit dem Tode hat sie, glaube ich, durch ihn erfahren. Ich habe in den letzten Jahren viel über ihn gelesen. Auch von ihm. Sowohl seine Schriften las ich als auch Beschreibungen seiner Person. Ich halte ihn für einen Weisen, ohne sicher zu sein, keinen Scharlatan angetroffen zu haben. Mit Susanne, die meine Wahrnehmungen kannte, meine Urteile spürte, hatte ich vereinbart, diesen Aspekt auszugrenzen. Ihr war klar, daß dadurch der Film eine missionarische Dimension erhalten würde, die sie und ich nicht wollten. Deshalb sprachen wir in *Abschied vom Leben* weder von Gott noch vom Einfluß des Bhagwan auf das Leben der Susanne Fleer. Weder fragte ich nach dem Hintergrund ihrer Persönlichkeitsentwicklung noch nach familiären Einflüssen. Mich interessierten in *Abschied vom Leben* die Grenzsituation eines Menschen, die Empfindungen und Überlegungen von Susanne vor dem Übergang.

Die Existenz des Danach wollte ich nicht berühren.